L 27/n
23449

LE MANUEL PIEUX
DU PÈLERINAGE DE SAINTE GERMAINE

Par G.-Ch. VERT.

LA VIE

DE LA

SAINTE BERGÈRE

DE PIBRAC

Y compris le Cantique CITÉ DES SAINTS

ET LE CANTIQUE PATOIS

—

Avec approbation de Mgr l'Archevêque de Toulouse.

—

15 CENTIMES.

—

A PIBRAC
AU TOMBEAU DE LA SAINTE

..use, rue Vélane, 17, et aux librairies
..sF, rue des Arts; REGNAULT, rue des Balances.

—

TOUS DROITS RÉSERVÉS

L 27 n
23449

L n 27
23449

LE JIASSIUS PRIA?
PÈLERINAGE DE SAINTE RÉGINE
Par G.-Ch. VERT... SAINT...

LA VIE
de la
SAINTE RÉGINE
DE FLAVIGNY

Trompla le Bonfgue CITÉ DES SAINTS

ET LE CANTIQUE PATOIS

Avec approbation de Mgr l'Archevêque
de Toulouse.

15 CENTIMES

A PIBRAC
AU BUREAU DE L'USINE

A Toulouse, rue Gilon, 17, et aux librairies
Déposé aux...

VIE

I

Préambule ; la Sainte ; son village ; ses parents.

C'est un merveilleux privilége que la sainteté, un beau titre que celui de Saint. Que faut-il pour mériter ce titre, réaliser ce privilége ? Obéir aux divins Commandements et pratiquer, chacun dans notre état, les devoirs qu'ils imposent. Cela est simple, cela est tout près de notre vie journalière et commune. L'imagination qui, chez bien des hommes, l'emporte sur le jugement, ne sait d'ordinaire se figurer la sainteté sans actions marquantes, sans les fatigues héroïques et le dévouement des martyrs, sans une auréole de merveilles. Il est incontestable que ces choses furent dans tous les temps accordées à certains élus. Dieu varie les sentiers qui mènent au ciel ; selon les adorables dispositions de sa sagesse et de sa grâce, il en réserve parfois, à tel ou tel de ses serviteurs, un plus scabreux ou plus illustre et signalé par l'éclat des fondations, des conversions, des périls, des luttes, d'une mort glorieuse. La voie des vertus communes est plus unie, mais elle a bien ses difficultés ; nous sommes si lâches, si enclins à broncher, et l'air qu'on respire ici-bas est si vicié, si dangereux ! nous pouvons nous y sauver, pourtant ; beaucoup y ont cheminé virilement avant nous, qui nous guident de leur exemple. Ils ont su, sans sortir de leur obscurité, concentrée dans les travaux et les épreuves d'une existence, moins saillante peut-être que la nôtre, mettre à profit les ressources que nous avons comme eux, et réaliser une sainteté que parfois des miracles sont venus confirmer, sinon pendant la vie, du moins plus tard et sur leur tombeau. C'est dans cette ligne que se trouve placée la jeune fille dont nous allons retracer l'histoire, et que la Sacrée-Congrégation des Rites, à Rome, et le souverain Pontife Pie IX ont jugée digne d'être élevée à l'honneur des autels. Pauvre Germaine ! quand elle suivait son troupeau dans l'isolement des champs et de la forêt, son humilité ne se doutait guère du triomphe que le Tout-Puissant lui tenait en réserve ! Ses contemporains du village, qui faisaient si peu d'attention à elle ou ne la regardaient que pour insulter à sa piété qu'ils traitaient de bigotisme, et tous ces seigneurs et grandes dames des alentours, ces rois et ces reines, qu'on fêtait pompeusement au château des comtes de Pibrac, ne pensaient guère que là, à côté d'eux, dans la plus pauvre chaumière de la paroisse, cette obscure paysanne, orpheline dédaignée sous son costume indigent, qui vivait dans toutes les privations et couchait sur des sarments sous un escalier, un jour, en plein dix-neuvième siècle, serait l'objet d'une plus éclatante ovation que grands et rois n'en reçurent jamais.

Or, à quoi Germaine doit-elle ce triomphe, ces fêtes inouïes auxquelles Dieu lui-même semble désireux de contribuer par les prodiges qui les préparent et les rehaussent? Est-ce à des talents hors ligne, à quelqu'un de ces faits qui mettent tout à coup les âmes extraordinaires en relief et les signalent à l'admiration? Non, certes; Germaine vécut et mourut dans l'uniformité d'un état abject selon le monde, mais elle y pratiqua, sans ostentation, dans toute leur délicatesse, les vertus chrétiennes : chasteté, mansuétude, abnégation, obéissance, piété, charité. Ces moyens de perfection, qui sont aussi à notre portée, l'ont élevée, elle, villageoise dépourvue de ce que l'on nomme esprit, culture intellectuelle, jusqu'à une telle intelligence des choses du ciel, jusqu'à une si éminente sainteté, que l'Eglise infaillible n'a fait qu'obéir aux sages desseins de la Providence en inscrivant son nom, à jamais, sur la liste glorieuse de nos modèles et de nos patrons.

Le voyageur qui, sortant de Toulouse par l'ouest, suit la route de Gascogne, quand il a parcouru environ 13 kilomètres et traversé le bourg de Colomiers, aperçoit bientôt, à droite, sur une élévation, un petit village; c'est Pibrac. A une demi-lieue plus au nord, par-delà le lit tortueux du Courbet, vers les confins de la paroisse et sur des défrichements de la forêt de Bouconne, dont la ligne sombre se dessine à l'horizon, une chaumière, indigente comme les deux époux qui l'habitaient, en 1579, vit naître une chétive enfant, qui fut Germaine. Le père avait nom Laurent Cousin, la mère, Marie Laroche. La tradition constante qui nous apporte ces noms, s'accorde à dire aussi qu'ils appartenaient à des gens honnêtes et craignant Dieu.

II

Ce qu'on doit à une bonne et sage mère.

Il est des familles, même parmi celles qu'on ne peut dire irréligieuses, qui se figurent que les impressions du premier âge sont fugitives et sans conséquence. Erreur! funeste erreur! Voilà donc pourquoi certains se jouent si témérairement des sensations et du bégaiement du berceau, et comment ils remplissent ces mémoires et ces lèvres, encore incertaines et inexpérimentées, de tant de sornettes, même de sottises qu'ils seraient fâchés d'y retrouver plus tard! En attendant, inconséquents et imprévoyants que vous êtes, vous profanez ces tendres ébauches, où la déchéance originelle a déjà mis son empreinte et qu'elle a rendues trop faciles et trop instinctivement fidèles à tout ce qui caresse l'égoïsme et les sens! Et vous êtes surpris ensuite de ce que vous appelez la mauvaise nature, les vicieuses inclinations des enfants! Ces inclinations, cette nature, c'est vous, c'est votre absurde et coupable manière de faire envers les quatre ou cinq premières années de la vie, qui les ont créées, qui du moins les ont façonnées, enracinées. Aussi, quand vous rencontrez un enfant précocement discret et pieux de pensées, comme de paroles et d'actes, croyez que les parents et en particulier les mères y ont fait beaucoup; car c'est à vous surtout, mères, que Dieu confie l'allaitement des âmes comme des corps. Reportons-nous vers la maisonnette de Laurent Cousin. Cette jeune femme qui aime sa fille, comme toutes, mères, vous aimez les vôtres, et qui lui prodigue d'autant plus de soins et de tendresse, que la pauvre petite, percluse de la main droite et déjà maladive, en a plus de besoin, Marie Laroche ne se contente pas des soins matériels ; elle forme et dirige les premières syllabes de son enfant vers la prière, ses premiers mouvements raisonnables vers les idées et les signes de la piété. Nous pouvons légitimement juger des causes par les effets ; Germaine, dès les plus tendres années, se montra en tout si sage, si retenue, indiquant déjà les vertus accomplies de son adolescence et de sa jeunesse, que certainement sa bonne mère ne fut pas étrangère à l'inoculation des principes et à la direction des habitudes qui portèrent de si bons fruits.

III

Dieu l'isolait.

Nous l'avons dit, Germaine naquit percluse d'une main ; et elle apporta le germe de ces affections scrofuleuses, vulgairement appelées *écrouelles*, l'une des plus tristes infirmités dont la jeunesse puisse être frappée. Avec la tendresse et les soins de sa mère, la petite estropiée ne dut guère s'apercevoir si elle avait quelque chose à envier aux autres enfants. Tel est l'effet de l'amour vrai dans la famille ; il voile les misères et l'humiliation de ce qui pourrait sembler une blessante inégalité. Aussi Germaine, dans cette première partie de sa vie et tant que le cœur maternel l'abrita, ne fut pas trop malheureuse. Mais Dieu, pour ses fins toujours miséricordieuses, ne lui laissa pas longtemps cet abri tutélaire. Marie Laroche avait, elle aussi, une santé frêle. Depuis la naissance de sa fille, ses forces allaient décroissant. La mort vint en ce ménage paisible et uni. La pauvre mère dut avoir l'âme bien déchirée en pensant à l'abandon de sa fille à qui son secours était encore si urgent. Avec quelle sollicitude elle la recommanda à son mari! Sans doute, Laurent Cousin n'avait pas besoin de ces instances; il chérissait sa fille; il l'aima doublement quand ils furent seuls. Qui sait même si l'intérêt de cette enfant ne fut pas le motif principal qui le détermina à former un nouveau lien? Après le temps du deuil expiré, Laurent, en se redonnant une compagne, crut donner une seconde mère à sa fille. Il se trompa, la seconde mère ne fut qu'une marâtre. La tradition a refusé de se charger du nom de çette méchante femme, et elle a bien fait. Les choses, supportables les premiers mois, n'allèrent pas au pire tout d'un coup. Mais dès que la marâtre eut des enfants, sa fureur jalouse éclata. Germaine en demandait rien tant que de caresser cette petite sœur ou ce petit frère, même de se faire sa berceuse autant que son unique main pouvait le lui permettre. Elle est rebutée avec dégoût; on ne prend pas la peine de déguiser l'horreur que son infirmité inspire. Le père est pris à partie et circonvenu; il ne tint pas ferme. Ce fut entre trois et cinq ans que Germaine devint orpheline. Elle avait à peine atteint sa sixième année, qu'on l'envoyait tout le jour dehors, à la suite de quelques animaux du logis; et dès que ses forces y suffirent, on l'attacha définitivement à la garde d'un petit troupeau.

IV

Elle eut aussi son éducation.

Quand on étudie avec attention la vie de Ger
maine, on ne peut se défendre d'un profond éton
nement en voyant cette humble fille d'une chaumière isolée, et qui vécut et mourut aussi isolée
que le recoin obscur où se concentra sa terrestre
existence de vingt-deux ans, en la voyant, dis-je,
si admirablement uniforme et égale dans la voie
droite où elle marcha d'abord, laissant sous ses pas
l'arome des plus pures vertus, toujours douce, toujours simple, toujours discrète, sans qu'un mot,
une vivacité viennent jamais trahir, non-seulement
une légèreté ou une inconvenance, mais même un
élan de zèle mal réglé. Tous ces gens préoccupés et
grossiers, malgré eux se sentirent atteints de respect. L'humble enfant semblait perdue dans la
masse à l'église; mais, quand elle était retirée, le
souvenir de son angélique attitude ne s'effaçait pas
tout entier. Si quelques insensés bien gratuitement
l'insultent, plus tard le village, requis de s'expli-
quer sur son compte, ne trouvera, dans ses témoignages unanimes, que des expressions d'estime et
d'admiration. Il y a là un résultat aussi incontestable qu'il est merveilleux, une ligne distincte et
distinguée. Les effets sont parfaits, les principes
doivent l'être aussi. Donc, assurément, notre Bergère a joui de toute la réalité d'une belle et solide
éducation. Elle ne connut, il est vrai, ni les poé-
tes, ni le nom et les œuvres des artistes, des ora-
teurs; elle eut mieux que cela; avec une sûre pré-
cision, elle sut marcher dans la voie de ses devoirs

et plaire à ce Maître dont l'œil délicat et clair-
voyant trouve des imperfections même chez les
anges. Or, à qui Germaine dut-elle de si précieux
résultats? Les moyens qui cultivent et développent
nos aptitudes natives, c'est d'abord nos parents;
nous avons dit ce que Germaine dut à sa mère. Ce
sont ensuite nos instituteurs et institutrices; il est,
fort vraisemblable que Germaine ne fréquenta pas
d'école; elles étaient rares alors dans la campagne;
et Pibrac en eût-il possédé une, ce qui est peu
probable, Germaine n'aurait certes pas obtenu de
la fréquenter. Un autre moyen encore, c'est la con-
templation de la nature; nous ne nierons pas la
réalité et l'influence de ce moyen, bien qu'il soit
aisé sur ce point, pour ce qui concerne notre humble et simple bergère, de sortir du vrai et d'exa-
gérer. Le paysan n'est guère poète; Germaine était
trop candidement positive, pour que nous puis-
sions nous la figurer, comme la jeune fille éduquée
et rêveuse de notre époque, s'extasiant devant un
point de vue, et se faisant un sujet de contempla-
tion de l'aspect d'un insecte, d'une fleur. Germaine
priait; cela vaut mieux que faire de la poésie, ou
plutôt c'est une belle poésie que la prière; et quelle
admirable instruction ne renferment pas nos prières catholiques, pour qui sait les dire et les médi-
ter! Or, vous figurez-vous la ferveur de Germaine?
comprenez-vous comme cette âme, préparée par les
premières directions de sa tendre enfance et à qui
l'abandon présent et les amertumes domestiques
étaient une continuelle et puissante invitation à
concentrer son cœur et ses pensées vers sa mère au
ciel et vers Dieu son bon père, comprenez-vous
comme elle devait se façonner à la vraie piété et
s'instruire en priant?

V

L'instituteur.

Il est un maître au dévouement inépuisable, que Dieu a mis à la disposition de la chaumière la plus déshéritée, autant au moins que du riche château : je veux parler du directeur des consciences, du prêtre. Inventions admirables de la religion de charité, qui seule possède la doctrine et le secret de la science vraie, comme de la vraie morale et de la vraie vertu ! la bouche de cet instituteur, tant qu'elle reste généreusement fidèle à sa mission et à l'esprit qui la consacra, va relevant et fertilisant les âmes. Sous son influence, l'univers, avec son milliard d'habitants si divers de langue, de climat et d'aptitudes, tend à faire et fera, quand nos passions perverses n'y mettront plus obstacle, un seul et magnifique peuple, éclairé de la lumière et communiant à la vie même de Dieu, sous l'œil et la main paternelle de l'Episcopat catholique, dans le bercail de Jésus-Christ, qui a remis sa houlette à Pierre, au Pape, son vice-gérant sur la terre.

Germaine donc, après les leçons du foyer, eut pour guide et régulateur de ses pensées et de ses sentiments, le curé de son village. Or, en ce siècle où se trouvent et se disent tant de choses, il s'est rencontré un maître de la doctrine selon l'orgueil, qui s'est cru permis d'outrager et de livrer aux préjugés de la haine aveugle le maître de la doctrine selon l'humilité. Le rhéteur a adressé son pamphlet aux pères et aux maris ; à ce double titre et de notre plein droit, nous lui devons une protestation. Nos femmes et nos enfants ont besoin de lumière morale : voilà pourquoi, à l'exemple de sainte Germaine, elles vont, et nous allons avec elles, vers la chaire paroissiale, laquelle, en face de l'autel, ne saurait prêcher que ce que l'autel prêche si haut, la sagesse, la douceur, l'activité résignée, la charité. Nos femmes et nos enfants ont besoin, pour leur bonheur et le nôtre, de force morale : voilà pourquoi nous les accompagnons avec confiance, mais avec le discernement que Dieu même prescrit, au tribunal sacré, où le juge est passible le premier de la loi qu'il applique, sous le poids de la responsabilité sévère que fait peser sur lui le Dieu, à la fois miséricordieux et jaloux, qui l'a délégué, et qui lui demandera un compte impitoyable de chaque mot et de chaque arrêt. Et ici encore, l'exemple de sainte Germaine et de tous les Saints nous montre le cas que nous devons faire de ce grand moyen d'éducation. Il ne nous est pas difficile maintenant de comprendre d'où vint à notre ignorante Bergère cette lumière, ce savoir des vertus accomplies, de ces vertus que la sentence solennelle de l'Eglise a qualifiées d'héroïques. Germaine eut l'instruction à l'Eglise ; elle eut les prônes à la messe du Dimanche, et les catéchismes, cette classe des classes, où la plus sublime philosophie se traduit et s'explique dans le naïf langage des enfants. Au catéchisme, au prône, Germaine était recueillie, attentive, zélée à apprendre, ponctuelle à obéir et à pratiquer. Comme sceau et couronnement de tout le reste, elle eut son confesseur et les sacrements.

VI

La première communion.

Les âmes sont le vrai champ de Dieu, le terrain où il sème et veut moissonner. Pour ce but, l'infinie Sagesse n'a rien négligé ; non-seulement elle met en œuvre la main, la bêche et le râteau des ouvriers ; c'est d'elle que viennent le rayon qui vivifie, fait croître, mûrit, la douce pluie, la rosée bienfaisante et les canaux d'irrigation. Cette rosée, ces ondées salutaires, c'est la grâce ; les sources, les canaux, ce sont les sacrements.

Heureux l'enfant qui, après le sacrement de la régénération et de l'adoption baptismale, arrive enfin, avide, préparé, ému, aux sacrements du pardon et du saint Banquet ! Ah ! quand le curé de Pibrac annonça à Germaine qu'elle aussi elle allait approcher du divin Tabernacle, recevoir son Dieu, imaginez-vous son ravissement? Comme elle dut compter les heures ! Cent fois le jour, elle tressaillait ; la nuit, elle se réveillait en sursaut, se disant : Je vais faire ma première communion ! A tout moment ses yeux se portaient vers la hauteur où domine l'église et se remplissaient de douces larmes en pensant à l'Hôte qui la voyait de là, l'appelait, s'apprêtait à venir loger dans son cœur. Il luit, le le jour si impatiemment attendu. Heureux, vous aussi, directeur et confident de cette âme si pure, si droite, d'une si angélique délicatesse ! Qu'avait-elle donc, la sainte enfant, à se faire pardonner? Et comme elle sanglotte ! Comme elle s'humilie, toute honteuse, trouvant qu'elle n'a pas encore assez bien servi Dieu, assez aimé celui qui lui prodigue sa tendresse ! Oui, la première communion est un grand jour ; c'est le jour décisif. Enfants, vous entrez alors dans votre belle adolescence, belle si la piété l'anime, la pare, la consacre. La piété sincère, affectueuse, de douze, quatorze, seize ans, s'empare de toutes nos facultés, de notre présent, de notre avenir. Jeunes gens, hommes mûrs, vieillards, qui l'avez connue cette céleste ferveur du plus bel âge, vous n'avez pas été pour cela confirmés en grâce; des luttes dangereuses vous attendaient, des fautes, des moments, peut-être des années d'erreur; mais la piété de l'adolescence a laissé son empreinte ; sa divine saveur revient, toujours délicieuse, à la bouche que la coupe des vices ne saura blaser; il y a espoir; est-ce que vous pourriez jamais vous endurcir, vous fixer dans le mal? Les renégats, les impies haineux, insulteurs, impénitents, il faut qu'ils aient mal fait leur première communion.

VII

Conséquences.

Maintenant tout s'explique, et la piété fervente, et la charité envers tous, et l'abnégation résignée, et la vie et la mort. Germaine possède l'Eucharistie, recourt à Jésus dans l'Eucharistie; que lui sont l'abandon et le mépris des hommes? Nous devons avouer que ce mépris et cet abandon ne lui font pas défaut; si les gens du village se montrent toujours aussi peu prévenants, la marâtre grandit en cruauté, et Laurent laisse faire.

Définitivement, Germaine ne compte plus à la table et dans l'enceinte de la famille. Son lit est sous l'escalier, près d'un angle de l'étable; et ce lit consiste en quelques haillons sur des sarments. Le matin, quand il ne fait pas trop mauvais dehors pour les bêtes, la marâtre ouvre de bonne heure la porte, donne à Germaine les quenouillées qu'elle doit faire de la main gauche, en marchant, et la congédie pour la journée, souvent par un temps bien rigoureux, toujours avec de dures recommandations et un exigu morceau de pain. Comme il devait lui être difficile, à la pauvre percluse, de remplir la tâche imposée, surtout de réparer ses vêtements et de les entretenir décents et propres! car on peut se figurer quelle affaire c'eût été au logis de lui acheter quelque chose de neuf. Il est si doux à une mère de s'occuper de la toilette de sa fille! Germaine n'avait plus de mère; et les vieilles défroques, rejetées par la marâtre, ne suffisaient-elles pas? Dans la semaine, à travers champs, ce dénuement de tout ce qui peut ressembler à des soins, à du bien-être, pouvait paraître supportable; mais, le dimanche et aux fêtes chômées, beaucoup plus fréquentes alors qu'aujourd'hui, quelle mortification naturellement pour l'orpheline délaissée de se voir au contact des autres jeunes filles, si soignées dans leur tenue? Oui, sans doute; mais comprenons les choses; toute à sa piété à l'église, cachée dans son recueillement et priant pour ceux qui la rebutent, Germaine trouve, dans ses doux rapports avec Jésus, de quoi oublier tout le reste; et quand les offices finis, elle quitte le saint lieu et traverse le village endimanché, son front serein, le sourire qui repose sur ses lèvres expriment la surabondance des divines compensations.

VIII

Aumône, bouquet de la charité

Parmi les vertus, compagnes du dénuement et qui le rehaussent pour qui sait les pratiquer, il en est une, généreuse, secourable, et qui, toujours opposée au mal dont, à tout point de vue et de quelque nom qu'il se nuance, elle est le contre-poison, lui ressemble cependant sous un rapport, par les regrets qu'elle donne souvent, jusque dans ses intimes jouissances : je veux parler de la Charité, considérée sous l'une de ses plus aïmables manifestations, l'aumône. Ah! lorsqu'on sait soi-même ce que c'est que souffrir par manque et par abandon, combien il en coûte d'être obligé de se borner dans l'aide qu'on donne à ceux qui manquent et pâtissent! Et si, avec un désir ardent d'obliger, de secourir, nous ne pouvons rien, si nous nous trouvons condamnés par notre dénuement à une stérile pitié, comme cette impuissance rend plus amer le sentiment de notre propre misère!

Germaine avait un cœur sincèrement pieux, je veux dire affectueux et obligeant. Que de fois elle se priva de son pain pour le pauvre qui, la voyant si pauvre elle-même, n'osait lui demander et rougissait d'accepter ; et quand le panier est vide, s'il vient à passer encore quelque mère, dont l'enfant pleure sur le sein desséché, quelque vieillard infirme dont la besacc n'a rien reçu, Germaine, immobile, dans l'attitude du regret et avec les yeux pleins de larmes, les regarde s'en aller, et, faute d'autre aumône, leur donne avec son salut affectueux, une fervente prière adressée au ciel pour eux. Revenue à elle, Germaine cède de nouveau à l'élan de son cœur, et projette pour le jour suivant un plus grand sacrifice de sa faim, afin de donner à sa charité une plus grande jouissance.

Fidèle à sa résolution, Germaine était industrieuse à tromper l'estomac. La tradition nous dit que, chaque soir, après le retour de notre Bergère au logis, quand son troupeau avait été inspecté et renfermé et sa tâche, imposée le matin, reconnue, la marâtre lui donnait, ou plutôt lui jetait un morceau de pain pour tout souper, et d'un geste indiquait le chemin du gîte. En possession de ce pain qu'elle serrait contre son cœur, Germaine, palpitante d'aise, se hâtait d'en mettre à part la plus grosse moitié ; puis, après le bonheur de sa prière du soir, elle s'endormait heureuse, rêvant de son bonheur du lendemain. La marâtre était informée des dons de Germaine, peut-être avait-elle été témoin des bénédictions de quelque malheureux. Sa haine n'avait pas besoin de ce stimulant ; au lieu de chercher à éclaircir ses soupçons outrageux, elle s'y livre aveuglément et se réserve la joie d'un bruyant éclat. La charitable enfant lui en fournit vite l'occasion.

C'était un jour de décembre ; la terre était glacée et blanche de givre, le troupeau retenu à l'étable ; Germaine sortait au-devant d'un pauvre, et serrait quelque chose dans son tablier. La marâtre accourt, le regard et le geste furibonds, et voyant deux hommes dans le champ voisin, elle crie, s'élançant avec un bâton : « Voici, voici la voleuse ; venez voir celle qui vide la maison, et non contente de ce qu'elle coûte, dérobe le pain de nos enfants. » On vient, moins pour convaincre que pour préserver Germaine qui, à genoux et les yeux baissés, est toute rouge comme de la honte d'un aveu, tandis que la mégère, le bâton levé, lui arrache un coin du tablier. Le tablier s'ouvre ; ô prodige ! ce sont des fleurs suaves et fraîches qui s'en épanchent et jonchent le sol.

IX

Vertus sœurs ; priviléges de l'humilité.

Un seul défaut qui pénètre dans l'âme, y en introduit bientôt d'autres; les vices se donnent la main; ils sont tous frères ; sous quelques dehors qu'ils se drapent, quelques grimaces qu'ils affectent, ils n'en forment pas moins une hideuse et infernale famille.

Les vertus sont sœurs, gracieuses et aimables filles du ciel; là où l'une reçoit accueil, les autres aiment à lui faire cortége. Or, à la tête de toutes, pour la conquête des cœurs et des esprits, marche la plus réservée, la plus pacifique, la plus angélique et céleste, l'humilité. L'humilité offre à Dieu l'hommage le plus parfait, parce qu'elle lui fait dans l'âme la place la plus large. L'humilité rend chaste; car elle ôte toute prise aux passions qui vivent de prétentions cupides et d'envahissement. L'humilité ! mais c'est le résumé du grand Œuvre de notre rachat. Marie, la mère du Verbe fait chair, à quoi dut-elle l'inestimable privilége de sa maternité divine, sinon à son humilité? Et l'Incarnation est-elle autre chose qu'un Dieu qui s'anéantit, et qui se relève par d'inconcevables abaissements? L'enfer déteste l'humilité ; elle n'y fut jamais admise; tout ce qui le peuple est orgueil et enfant de l'orgueil; et l'orgueil ne connaît pas l'humilité.

Germaine, charmante et douce enfant, Dieu vous aima, et il s'est complu à vous exalter en gloire, parce que vous fûtes humble, humble dans toute la réalité de la chose et dans toute la force du mot. Sur ce fond-là, votre âme devint comme un temple dont les vertus s'empressèrent de former les assises et les décors. C'est parce que vous fûtes humble que votre pureté virginale brille avec la candeur du lis. Vous fûtes humble; aussi l'abnégation, la piété et tous les dons de Dieu qui parent et illuminent le cœur chrétien, resplendissent dans le vôtre. Vous fûtes humble, ô Germaine! et Marie vous regarda comme sa fille bénie, et Jésus vous aima, ce qui dit tout en un mot. Amour, amour, il faut bien de l'humilité, bien de l'oubli de soi, bien de l'anéantissement généreux pour aimer. L'orgueil n'aime point, parce qu'il concentre toutes ses cupidités dans lui même et que c'est un exigeant et un égoïste.

X

Quelques fleurs parmi les épines.

Si l'on veut bien rappeler tout ce que Germaine souffrit par suite des infirmités natives et ce qu'y ajoutèrent de douloureux la mort de sa mère, la haine et les sévices de sa marâtre, la privation absolue des caresses et des soins du logis, la plus inhumaine exclusion de la vie de famille et de tout rapport avec ses sœurs et ses frères du second lit, enfin l'isolement à travers champs, par le froid et le chaud, sous l'ardent soleil, comme sous le vent et la pluie, sans que personne songeât à elle, s'occupât d'elle, lui ménageât quelqu'une de ces petites attentions, dont le manque rend l'existence journalière si dure, et que les bêtes elles-mêmes, jusqu'à un certain point, savent se donner l'une à l'autre comme expression de maternelle ou filiale affection; en songeant que ces épreuves et ces douleurs embrassèrent, presque sans répit, de la naissance au cercueil, vingt-deux années d'une frêle existence, on aura certes le tableau de ce que le dénuement et l'adversité, dans une position obscure, peuvent réunir, sur une tête innocente, de cruel et de désolant.

Or, si Jésus, au Calvaire, accepta pour son front

une couronne acérée et nue, sans que la justice de son Père lui fît grâce d'un piquant, de son côté, quand il nous appelle à sa suite dans la voie des souffrances, le bon Maître ne nous traite pas avec tant de rigueur ; toujours il arrache ou il émousse quelque pointe. Si tout l'abandonna sur le lit de sa sanglante agonie, lui du moins ne nous délaisse pas ; en attendant les compensations de la vie future, la terre elle-même n'est pas dépourvue de quelques dédommagements. Nous n'appuirons pas sur les ineffables douceurs que Germaine dût goûter dans l'exercice de sa piété affectueuse ; qui pourrait dire les consolations que lui donnaient ses constantes prières, et les séraphiques transports dont Dieu bénissait sa ferveur dans ses confessions et dans ses communions ? Qnand on l'écrasait sous l'outrage et le mépris, elle se roulait amoureusement aux pieds de Jésus, regrettant de souffrir si peu pour celui qui souffrit tant pour elle.

Nous avons dit que le village se montrait en général peu prévenant, parfois même outrageux envers Germaine ; ceci réclame des restrictions. Il était impossible que cette existence si irréprocha-ble, si édifiante, ne finît par attirer les regards et quelques marques de sympathie. Plus d'une fois, les mères durent la citer, avec éloge, pour modèle à leurs filles ; plus d'une fois, soit à l'entrée, soit à la sortie de l'église, elle reçut des témoignages d'estime et de respect. Plusieurs auraient cru manquer à Dieu même s'ils étaient passés près d'elle sans la saluer ; et les enfants, dont quelques-uns peut-être avaient figuré aux insultes, peu à peu se prirent pour elle d'affection et de confiance. Ils venaient volontiers, quand ils la voyaient sur le coteau en face du village, ou en bas, le long du Courbet.

Germaine les accueillait avec la tendresse d'une sœur, d'une mère; elle leur parlait de Dieu, leur faisait réciter le catéchisme ou leurs prières, et les engageait à être sages, d'un ton si pénétré, si persuasif, que ces petits enfants devaient en être réellement meilleurs et plus retenus. Il est certain que, dans les agitations de ces temps-là, et quand Toulouse elle-même n'était pas hors de l'atteinte et des assauts de l'erreur, Pibrac resta fidèle et zélé dans sa foi, et la sainte fille, par l'influence de sa dévotion envers Dieu et Marie et de sa charité pour les enfants, ne fut pas étrangère à ces bons résultats.

XI

A mesure Dieu intervient.

C'est un remarquable prodige que celui du pain changé en fleurs; il dut avoir du retentissement. On dit que la marâtre, toute déterminée qu'elle était, dans sa haine, sentit dès lors son courage se troubler, et que, si désormais Germaine ne trouva pas plus d'affection au logis, du moins les mauvais traitements se retinrent. Et ce n'est pas la seule fois que Dieu ait rendu témoignage aux vertus de Germaine et pris plaisir à montrer aux yeux de tous combien cette jeune paysanne, si oubliée de sa famille, lui était agréable. De son côté, Germaine fut toujours empressée et fidèle à correspondre aux grâces du ciel.

Chaque matin, après les premières aspirations pieuses du réveil, Germaine, à la suite du troupeau, continuait ses prières et sa méditation, en poursuivant sa tâche; ses accents montaient à Dieu avec une ineffable tendresse. Outre l'*Angelus* qu'elle disait toujours à genoux, elle avait encore un élan d'invocation pour chaque heure qui sonnait, un respectueux salut et un acte d'amour pour chaque croix qui s'offrait sur son passage. A tout instant, dans la journée, son œil cherchait le clocher; elle se transportait en esprit devant les saints autels, surtout quand elle avait compris à la sonnerie qu'une messe se disait. Plus tard et après sa première communion, comme la fréquentation de l'église était alors, non-seulement un vœu, mais une nécessité pour sa dévotion pratiquante, Germaine, laissant son troupeau sous la vigilance de son Ange gardien, courait aux saints exercices; puis, son devoir accompli, afin de ne pas abuser témérairement des faveurs célestes, elle se hâtait de revenir au bétail, qu'elle trouva toujours dans un ordre parfait, et là où il devait être, d'ordinaire autour de sa quenouille plantée dans la prairie, et qui, elle aussi, avait fait sa tâche. Bien des fois, quand il lui fallait monter à l'église, pour communier, le Courbet, enflé par la pluie, barrait le chemin. Germaine, dont les moments étaient comptés, d'un pas rapide et comme si elle ne se fût pas doutée de l'obstacle, passait et repassait à pied sec le torrent, dont les eaux se divisaient respectueusement sous ses pas.

XI

La fin.

Toute chose ici-bas a son terme; si Dieu laisse un temps aux mauvaises passions et aux angoisses de la terre pour éprouver et épurer l'âme fidèle, à jour et heures fixes, les préjugés, l'injustice, la persécution ne peuvent plus rien; Dieu soustrait ses serviteurs, ses servantes à l'atteinte de ces maux qu'ils endurèrent pour lui avec tant de constance et une si filiale résignation. Il leur doit le salaire après le travail, le repos après la fatigue, la joie après la peine, joie, repos et salaire sans mesure, là où le temps ne paraît plus qu'un rêve, rêve de la nuit que le soleil dissipe ; et ce soleil, c'est Dieu même, Bien et Beauté ineffables, illuminant les splendeurs de l'éternité.

Germaine a rempli sa courte carrière. Les hommes furent oublieux ou méchants pour elle, mais Dieu ne l'abandonna pas. Et maintenant Dieu et les hommes achèvent leur rôle, les premiers, sa propre famille, en la laissant mourir sans secours, sans une goutte d'eau pour tremper ses lèvres, sans une main pour essuyer la sueur de son agonie, pour lui fermer les yeux. Quant à Dieu, il vient lui-même soutenir et abréger ses défaillances ; et il envoie du ciel les messagères de ses tendresses, les vierges illustres par leurs vertus et leurs bienfaits, Philomène, Geneviève, toutes les spéciales protectrices de la France, charmées de faire accueil à leur sœur bien-aimée, qui allait grossir là-haut la liste de nos puissantes patronnes. Marie, que Germaine honora toujours du culte le plus dévoué et par la pratique des vertus que cette Reine immaculée chérit entre toutes, l'humilité, la pureté, l'amour de la vie obscure et du silence, Marie tend les bras à sa fille.

C'était durant une soirée de juin, en 1601. Deux religieux qui venaient vers Pibrac après le soleil couché, s'égarèrent dans la forêt de Bouconne, où ils errèrent jusqu'au jour. Or, tandis qu'ils sont en quête de leur chemin, voilà que, vers minuit, une lumière éclatante brille dans l'air et illumine la forêt ; c'est comme une trace radieuse, s'abaissant du ciel. Au milieu de cette clarté, les bons Pères aperçoivent un grand nombre de jeunes filles vêtues de blanc, qui descendent vers une maisonnette, dans une éclaircie de la forêt; puis la même troupe remonte avec des hymnes d'allégresse, louant Dieu et félicitant une nouvelle compagne, couronnée elle aussi de roses blanches et qu'elles entourent avec de grandes démonstrations d'affection et de bonheur. Quand, avec le jour, les religieux eurent trouvé leur route et gagné le village, ils s'empressèrent de raconter la vision du bois, en indiquant la direction de la chaumière que les vierges du paradis semblaient avoir visitée; c'était précisément l'habitation de Laurent Cousin. Les Pères n'avaient pas encore quitté Pibrac, qu'on vint annoncer au presbytère que la bergère Germaine Cousin était décédée sans qu'on l'eût sue malade. La marâtre ne la voyant point paraître bien que le soleil fût assez haut, l'avait appelée. Comme elle n'obtenait point de réponse, effrayée de ce silence, elle engagea son mari à venir voir. Laurent trouva sa fille inanimée et déjà froide. De ses mains jointes elle serrait la croix du chapelet contre son cœur; et le doux sourire de ses lèvres entr'ouvertes attestait qu'elle était allée à Dieu dans un mouvement de prière et d'amour. A la nouvelle de cette mort, la pitié s'émut; quelques filles de Pibrac vinrent donner à Germaine les soins du cercueil; et quand elles l'eurent enveloppée de son indigent suaire, à défaut d'autre parure, elles mirent autour de sa tête une couronne d'épis nouveaux et d'œillets. Enfin, par un privilége, si commun alors que nous n'oserions y voir une faveur, Germaine fut enterrée dans la nef de l'église; et pendant longtemps on s'entretint au village de son délaissement et de ses vertus.

APPENDICE A LA VIE

I. Le chemin du pèlerinage.

L'étranger qui, vers sept heures du matin, traverse la place du Pont, à Toulouse, en remarquant de la foule endimanchée, autour de certaines voitures, est porté à demander vers quel lieu se *dirige* cet empressement. Le nom seul de PIBRAC, inscrit sur les véhicules, fera cesser sa surprise; peut-être même l'envie lui viendra d'imiter les autres et d'aller, pèlerin lui aussi, au tombeau qui attire ce pieux concours.

Le chemin est varié et assez pittoresque. Après la descente du Pont et le faubourg, au rond-point de la Patte-d'Oie, on tourne à droite pour longer bientôt le Polygone; puis on gravit le coteau de Perpan, remarquable par sa fontaine et d'où l'on jouit d'une belle vue de la ville. Au sommet, le chemin se bifurque; d'un côté, il se détourne vers les ruines trop négligées d'un vieux cirque, vers Blagnac, qui se cache un peu plus bas sur la Garonne et vers le charmant pèlerinage de Notre-Dame d'Alet. L'autre bras du chemin continue sa ligne presque droite, franchit, après une rude descente, un pont massif sur le Touch, rencontre le village de Saint-Martin, orné d'une église élégamment reconstruite; puis, c'est une plaine jusqu'à la montée de Colomiers, assez gros bourg, heureux de posséder un noviciat et une école des Filles de la Croix. Enfin, quelques kilomètres parmi des champs, des vignes, des jardins, des villas de diverse physionomie, amènent à une dernière descente boisée, vestige de l'antique forêt de Bouconne, dont la ligne sombre s'est déjà montrée à l'horizon. Jusque-là vous avez suivi la grande route de Gascogne. Au pied du coteau, prenez le premier chemin de droite; vous avez bientôt devant vous, à quelques centaines de pas, sur un mamelon, le village désiré, Pibrac, surmonté de son clocher à trois pointes et flanqué de son château qui confond la couleur de ses murs de brique avec la teinte rougeâtre des toitures de la localité.

Et lorsque vous serez monté à l'église, si encombrée d'ordinaire et si recueillie; quand vous vous trouverez en présence de la châsse qui renferme, laisse entrevoir son chétif et inestimable trésor, d'où rayonne une si belle auréole de vertus et de miracles, et que vous sentirez l'inévitable impression de la sainteté et de la piété, vous n'aurez pas regret aux pas que vous aurez faits. Alors, j'en suis sûr, à deux genoux à côté de tant d'autres qui que vous soyez, vous recommanderez à la bienfaisante Bergère votre famille, vos affaires, vos légitimes tendresses, vos études, votre présent et votre avenir, et Dieu, cédant aux instances de la généreuse médiatrice, se laissera fléchir et vous bénira.

II. Coup d'oeil sur le temps d'alors.

Le quinzième siècle, celui qui précéda la naissance de Germaine, fut rempli d'orages et de catastrophes; et il y avait bien du mal en France et dans la chrétienté, lorsque la divine miséricorde, voulant conserver le royaume très chrétien, suscita la jeune villageoise de Domremy. Jeanne d'Arc fit, avec l'aide de Dieu, ce que les habiles ni les puissants n'avaient su faire; et, après qu'elle eut opéré tant de grandes choses, pour sceller sa mission, le bourreau l'attendait auprès du bûcher, d'où, martyre de sa foi et de son patriotisme, l'héroïque paysanne, à vingt ans, chaste et pure, prit son essor vers le ciel.

Si la France qui, au quinzième siècle, avait été sauvée par Jeanne d'Arc de l'invasion étrangère, durant le siècle suivant, ne risqua sérieusement rien de l'ennemi du dehors, elle fut pourtant bien agitée et bien malheureuse encore par les excès de ses propres enfants.

occupe la maisonnette. Insensiblement, la génération se renouvelait; il restait au village bien peu de personnes qui eussent vu notre Bergère. A peine si l'on se souvenait de son nom; évidemment on n'y pensait plus. Avant que les contemporains eussent tout à fait disparu, Dieu tenait à ce qu'ils rendissent témoignage à son humble et pieuse servante. Pour cet effet, la Providence ménageait un événement qui allait raviver à jamais, sur ce point, l'intérêt et le souvenir, et préparer la glorieuse exaltation, aujourd'hui complète, et à laquelle nous avons le bonheur d'assister, en y prenant notre part.

Une nièce de Germaine venait de décéder; les plus anciens titres du procès de Béatification la nomment Endouale (Emmanuele?). Elle avait exprimé le désir d'être enterrée aussi dans l'église, peut-être par amour pour sa tante et afin de se rapprocher d'elle. Le carillonneur, Nicolas Cassé, fut chargé de faire les apprêts de ces funérailles dans la nef. Accompagné d'un ami, Gaillard Barous, qui l'aidait en pareille occurrence, Cassé vient à l'église avec pelle et pioche et se met en devoir de creuser. Du premier coup, la terre ayant été écartée, nos hommes aperçoivent avec épouvante un cadavre que la pioche avait rencontré au visage, sans le défigurer pourtant; le nez, seul, était légèrement blessé, et les chairs, à l'endroit atteint, s'étaient colorées de quelques gouttes de sang. Le curé, averti, accourt avec un bon nombre de paroissiens. Le corps, retiré de terre, offrit un état parfait de conservation, l'épiderme frais et vermeil, les membres souples; il n'y avait que les oreilles et la langue qui parussent un peu desséchées.

On se livrait aux conjectures, lorsqu'une vieille femme (les actes l'appellent Françoise Pérez) s'approcha et dit avec émotion : « Monsieur le curé, ne cherchez pas; je reconnais parfaitement la personne que vous avez sous les yeux, et d'autres la reconnaîtront avec moi à sa main difforme et aux cicatrices que vous apercevez à son cou. C'est Germaine Cousin, la vertueuse fille dont vous avez bien des fois entendu parler, et qui fut enterrée ici il y a une quarantaine d'années. Je m'en souviens; j'étais une de celles qui la gardèrent avant les funérailles; j'aidai à la revêtir de son suaire. Je vois là, avec le cierge béni que nous mîmes dans sa main, la couronne, encore fraîche, d'œillets et d'épis de seigle que nous posâmes sur sa tête. Il n'y a pas de possibilité à un doute; c'est la jeune Bergère de *Mestré Laouréns,* morte en grand renom de vertu, à l'âge de vingt-deux ans. » Ce fait étonnant se répandit vite. On accourut des alentours et même de Toulouse; on venait voir ces restes si merveilleusement conservés et qui furent laissés debout contre la chaire. La piété, qui n'avait pas complétement oublié la sainte vie de la pauvre orpheline, se raviva pleine d'ardeur et de confiance autour de son tombeau, que Dieu signala bientôt par un éclatant miracle, prélude de milliers d'autres.

V. Mme DE BEAUREGARD.

Ainsi, les précieuses reliques de Germaine furent placées auprès de la chaire, à la vue des fidèles; tous étaient si heureux de contempler ces traits modestes que le tombeau avait respectés et qui leur inspiraient plus de ferveur dans leurs prières! Une personne seule ne participa point à l'émotion commune. Presque en face de Pibrac, de l'autre côté de la grande route, sur les coteaux de Bélesta, s'élève le château de Beauregard. A l'époque dont nous parlons (vers 1645), le maître de ce domaine, François, comte de Beauregard, était marié, depuis deux ans, à Marie de Clément-Gras, qui venait de le rendre père d'un garçon. Or, les Beauregard, en leur qualité de coseigneurs de Pibrac (avec les Du Faur), avaient un banc à l'église. Cédant à un de ces caprices dédaigneux, que trop souvent des

personnes affectent comme un bel air et comme le privilége d'une haute condition, la jeune comtesse, dont
le siége était tout rapproché des reliques de la vertueuse Bergère, ne prenait pas la peine de déguiser
une visible horreur; elle fit même reculer son banc,
comme pour éloigner ce spectacle désagréable. Malgré
cette excessive et déraisonnable délicatesse, Marie de
Beauregard, selon la bonne coutume d'alors, nourrissait elle-même son fils, et jusque-là la mère et l'enfant
avaient joui de la plus belle santé. Tout à coup, les choses changent; le sein devient douloureux et se perce
d'une affection cancéreuse ; l'enfant est maladif et dépérit.

Le père, M. de Beauregard, excellent homme et bon
chrétien, qui avait vu avec grande peine la conduite
si peu respectueuse de son épouse, un jour lui dévoila
ses craintes. « Le ciel nous punit, lui dit-il. Vous
voyez que tous les remèdes sont inefficaces. La Bienheureuse Germaine, j'en ai l'assurance, serait pour
vous et pour notre enfant un infaillible médecin. » La
dame ne répond rien, mais reste pensive. La nuit suivante, comme son mal l'empêchait de dormir et
qu'elle songeait aux sages avis de son époux, voilà
qu'une douce lumière se répandit dans l'appartement.
La jeune fille de la chaire était assise à côté du berceau,
regardant avec un angélique et compatissant sourire le
pauvre petit si pâle. Puis, levant les yeux vers la
Mère, elle lui dit avec une voix pleine d'affectueuse
charité : « Madame, le bon Dieu a voulu vous éprouver ; mais, ne craignez rien, l'épreuve est finie. » En
effet, l'ulcère avait disparu sans laisser de trace, et
l'enfant dormait, vermeil et frais comme autrefois.

Le jour suivant, la comtesse, accompagnée de son
époux et entourée de toute sa maison, voulut porter
elle-même, à pied, son enfant jusqu'à l'église, où elle
assista à la messe d'action de grâces, qui fut dite à son
intention ; et pour perpétuer le témoignage de sa gra

titude et de son regret, Mme de Beauregard fit faire un cercueil de plomb, à la fois massif et élégant, pour y déposer les reliques de la sainte et secourable paysanne, à laquelle elle fit encore don de sa plus belle robe de soie. Lorsque ses intentions eurent été satisfaites, le corps vénéré fut enlevé de contre le mur de la nef et placé plus convenablement dans la sacristie.

VI. MIRACLES, BÉATIFICATION, CANONISATION.

A partir de 1645 jusqu'au moment présent, ça été, à Pibrac ou sous sa bienfaisante influence, une série de miracles presque non interrompue. S'il semble y avoir lacune, c'est que tous n'ont pas été recueillis et enregistrés ; quand il s'est agi du procès pour la Béatification et pour la Canonisation, on n'a eu que l'embarras du nombre. Nous ne croyons pas devoir exposer ici, en tous détails, chacun de ces faits merveilleux ; ils ont mieux leur place, à titre d'exemples d'édification, dans notre *Imitation* de la sainte Bergère. Voici les noms de personnes authentiquement favorisées d'une guérison miraculeuse par l'intercession de sainte Germaine, avec date et indication des maux dont elles ont été délivrées, comme aussi des béquilles laissées en témoignage :

1660 Anne Frégand, scrofules.
1670 L'abbé Romenguère, paralysie.
1677 Bernarde Roques, paralysie.
1678 Les trois enfants Delaprat, scrofules.
1702 François Tissenier, surdité et mutisme.
1703 Serres, paralysie ; Pannetier, plaie.
1705 Lemazuyer, sciatique.
1761 Caussette, paralysie.
1784 Miquel, béquilles ; Teulade, cécité.
1785 Marguerite Lassalle, squirrhe au genou.
1796 Pagnon, béquilles ; dame Soulé, sein desséché.
1802 Marie Gaillard, main crochue, bras contourné.
1807 Marie Pagnion, paralysie.

1808 Marie Martin, plaie.
1810 Daydou, paralysie; Azzagnet, œil perdu.
1811 Jacobine Jam, jambes mortes.
1812 Brousse, Caffré, scrofules; Bernés, phthisie.
1814 Barthélemie Dinse, monstrueuse hydropisie.
1815 Laffont, cécité; Thér. Renéaume, surdité.
1816 Julie Vals, main racornie et sèche.
1818 Fourcade, béquilles; Berthet, fièvre lente.
1819 Marie Terrisse, paralysie avec contraction.
1820 Pujol, scrofules; dame Delor, béquille.
1821 Azéma, perclusion; Cazes, béquilles,
1822 1823, Pratviel, Boubènes, Avoy, béquilles.
1823 1824, Tandol, Escudié, béquilles.
1824 Gandelat, Bouzin, rachitisme.
1824 Dame Galopin, paralysie.
1825 Cazeneuve, rhumatisme.
1826 Gleyse, scrofules; Durand, Raymond, béquilles.
1827 Dufau, Ricard, débilité, phthisie.
1828 1829, Raymond, Soubrié, Andrieu, béquilles.
1829 Seré, tumeur; Larrey, aphonie; Pigot, béquilles.
1830 Argilés, Séguela, Maumus, béquilles.
1830 Espérou, Barsié, perclusion; St-Sernin, Allias, cécité.
1831 Soulé, béquille; Grasset, ophthalmie; Dieu-zaide, cécité.
1832 Desbals, hydropisie; Gauté, cécité.
1833 Blanc, Boyer, béquilles; sœur Cabut, aphonie.
1834 Bec, béquilles; Robert, surdité; Balas, aphonie.
1835 Costoplane, perclusion; Salies, cécité; Bernios, béquilles.
1836 Dorpié, béquilles; Cornac, Delboy, cécité.
1837 Touzet, béquille; Blancal, anévrisme; Mire, étisie.
1838 Fay, aphonie; Roucolle, cécité; Bergan, percluse.
1838 Crabère, rhumatisme; Dauzan, béquilles.
1839 Pescail, démence; Giné, Méric, béquilles.
1839 Rous, Dusser, cécité; Pailhez, ophthalmie.

1840 Imbert, idiotisme; de Raymond-Cahuzac, per
    clusion.
1840 Demoiselle Lassus, maladie mortelle, mutisme
1840 Roux, ophthalmie; Rivière, maux graves.
1841 Massip, état désespéré; Chassanez, typhus.
1843 Audouy, fistule; Lauriol, ophthalmie.
1844 Massé, convulsion; Dupeyrou, tumeur.
1844 Demoiselle d'Adhémar, aphonie, tumeur.

Les informations sur les vertus et les miracles d
notre pieuse Bergère, commencées en 1661, sou
Mgr de Marca, archevêque de Toulouse, se continuè
rent sous NN. SS. de Montpezat, Colbert, de Beau
veau. Mgr d'Astros, de sainte mémoire, secondé d
l'affection toute spéciale que lui portait l'auguste Pap
Grégoire XVI, activa les procédures, qui durer
beaucoup aussi à Mgr Mioland. Le décret de Béatifi
cation (1), promulgué à Rome, le 1er juillet 1853, pa
notre illustre et bien-aimé Pie IX, apporta à la Franc
la joie et les fêtes dont on se souvient. La Providenc
réservait à S. G. Mgr Desprez le bonheur de facilite
les voies pour la Canonisation et d'en entendre la sen
tence solennelle, à Rome, de la bouche de Sa Sainteté
par-devant les prélats de l'univers, qui entourèrer
notre Archevêque, le félicitant (29 juin 1867). Tou
louse tressaille; elle ne peut contenir ses transports.

(1) Voici les quatre miracles constatés pour la Béatifica
tion : 1° Multiplication du pain au couvent du Bon-Pasteur,
Bourges, le 1er décembre 1845; 2° Multiplication de la farir
au même monastère, décembre 1845 et janvier 1846; 3° Gué
rison de Jacqueline Catala, rachitique, en 1828; 4° Philipp
Luc, de Cornebarrieu, guéri d'une fistule avec carie de l'o
Les deux, admis pour la Canonisation, sont les suivants
1° Guérison de Françoise Huot, du diocèse de Langres, a
teinte de ramollissement de la moelle épinière, accompagr
de symptômes mortels et reconnu incurable; 2° celle de d
moiselle Lucie Noël, de Revel, percluse de la jambe droite
plus longue que l'autre, avec engorgement des glandes du p
de l'aine et luxation spontanée du fémur.

Toulouse. Typog. L. Hébrail, Durand et C., rue de la Pomme,

LES LITANIES DE Ste GERMAINE

AVEC

LE SOUVENEZ-VOUS DES AFFLIGÉS

Approuvés par Mgr l'Archevêque.

Seigneur, ayez pitié de nous.
Jésus-Christ, ayez pitié de nous.
Seigneur, ayez pitié de nous.
Jésus-Christ, écoutez-nous.
Jésus-Christ, exaucez-nous.
Père céleste, qui êtes Dieu, ayez pitié de nous.
Fils, Rédempteur du monde, qui êtes Dieu,   ayez.
Esprit-Saint, qui êtes Dieu,   ayez.
Trinité Sainte, qui êtes un seul Dieu,   ayez.
O Marie, Mère de Dieu et des hommes, priez pour
  nous.
O Marie, Reine Immaculée des Vierges,   priez.
Marie et Joseph, modèles des pauvres,   priez.
Marie et Joseph, Mère et Père des orphelins, priez.
Sainte Germaine,   priez.
S. G., indigente et percluse dès le berceau, priez.
S. G., orpheline délaissée,   priez.
S. G., dont la vie ne fut que douleur et misère, pr.
S. G., si patiente du mépris et des injures,   priez.
S. G., qui portâtes la Croix avec tant de résigna-
  tion,   priez.
S. G., si obéissante et si laborieuse,   priez.
S. G., trésor et modèle du foyer domestique, priez.
S. G., pieuse Bergère, zélée institutrice des en-
fants,   priez.

S. G., qui partagiez votre pain avec les pauvres, pr.

S. G., dont Dieu changea l'aumône en un suave
bouquet,   priez.

S. G., vierge sage et modeste, digne fille de Marie,   priez.

S. G., qui marchâtes toujours en la présence de
Dieu,   priez.

S. G., si recueillie dans vos prières,   priez.

S. G., si humble et si droite dans vos confessions, pr.

S. G., si fervente dans vos communions,   priez.

S. G., pour qui le Dieu de l'Eucharistie divisa les
eaux du torrent,   priez.

S. G., sitôt mûre pour le Ciel,   priez.

S. G., si touchante sur les sarments de votre escalier,   priez.

S. G., qui souffrîtes et mourûtes abandonnée des
hommes,   priez.

S. G., qui eûtes Dieu et les Anges pour témoins de
votre mort,   priez.

S. G., qui montâtes au ciel dans un cortége de
Vierges,   priez.

S. G., sanctifiée par la pratique des simples devoirs de votre état,   priez.

S. G., obscure paysane, que Dieu glorifie par tant
de merveilles,   priez.

S. G., dont l'obscurité et la gloire confondent l'orgueil de la fausse science,   priez.

S. G., preuve éclatante des divines prérogatives
de la Foi du Chrétien,   priez.

S. G., qui avez mérité qu'une voix infaillible dît à
tous les malheureux : Allez à Germaine,   priez.

S. G., espoir du pieux pèlerin,   priez.

S. G., recours des malades et des infirmes, priez.

S. G., Protectrice de Toulouse,   priez.

S. G., l'une des grandes Patronnes de la France, pr.

Afin que Dieu, Père, Fils et Saint-Esprit, soit par-
tout béni et nous bénisse, intercédez pour nous.

Afin que N.-S. Jésus-Christ, le Dieu Sauveur, soit
aimé et servi de tous, intercédez pour nous.
Afin que Notre Saint Père le Pape et la sainte
Eglise, notre Mère, obtiennent le triomphe et
la paix,   intercédez.
Afin que la charité règne entre tous les hom-
mes,   intercédez.
Afin que les impies et les pécheurs se convertis-
sent,   intercédez.
Afin que tous les affligés soient consolés, intercédez.
Afin que Dieu nous donne une bonne fin, intercéd.
Dans les épreuves et les maux de la vie pré-
sente,   intercédez.
Sainte Germaine et tous les Saints, au moment de
notre mort,   intercédez.
Agneau de Dieu, qui effacez les péchés du monde,
pardonnez-nous, Seigneur.
Agneau de Dieu, qui effacez les péchés du monde,
exaucez-nous, Seigneur.
Agneau de Dieu, qui effacez les péchés du monde,
ayez pitié de nous.
Jésus-Christ, écoutez-nous; J.-C., exaucez-nous.
℣. Sainte Germaine, priez pour nous.
℟. Afin que nous soyons rendus dignes des pro-
messes de Jésus-Christ.

PRIONS.

O Dieu, qui êtes la grandeur des humbles et qui,
par les dispositions de votre Sagesse, avez donné à
la bienheureuse Germaine, votre vierge, de briller
si excellemment de l'éclat de la charité et de la pa-
tience, accordez-nous, par ses mérites et son intercession, de porter toujours la Croix et de vous
aimer à jamais : Par N.-S. J.-C. Ainsi soit-il.

LE SOUVENEZ-VOUS DES AFFLIGÉS

Vierge toujours Immaculée, ô Marie, vous qui savez me
faiblesses, mes misères, mes égarements; de toute
ces fautes de ma vie passée, qui vous ont tant de fo
contristée, ma Mère, hâtez-vous de ne plus vous sou
venir.

Mais lorsque je suis en proie au regret, au repentir, m
Mère, souvenez-vous de moi.

Lorsque les calamités me frappent, quand la juste mai
de Dieu s'abaisse sur moi ou sur ce qui m'est cher, m
Mère, souvenez-vous de moi.

Lorsque les angoisses m'assaillent, que Dieu sembl
m'abandonner, ma Mère, souvenez-vous de moi.

Lorsque sous ces coups, contre lesquels la puissance de
hommes est bien faible, ma poitrine se serre, que l'ai
me manque, ma Mère, souvenez-vous de moi.

Lorsque la mort vient avec ses menaces et ses terreurs
ma Mère, souvenez-vous de moi.

Lorsque quelqu'un des miens souffre, sans que je puiss
alléger ses souffrances, ma Mère, souvenez-vous d
moi.

Au lit de l'agonie, ma Mère, souvenez-vous de moi.

Quand mon âme quittera mon corps, ma Mère, souvenez
vous de moi.

Quand je paraîtrai devant mon juge, ma Mère, souvenez
vous de moi.

En face du feu de l'enfer, ma Mère, souvenez-vous d
moi.

Dans les flammes du Purgatoire, ma Mère, souvenez-
vous de moi.

Jésus, Marie, Joseph, ayez pitié de moi.

Anges et Saints, priez pour moi.

Mon Ange Gardien, mes saints Patrons, priez pour moi.

Sainte Germaine, intercédez pour moi.

(Extraits du *Manuel pieux de Pibrac*, de M. G.-C. VERT.)

(*Propriété.*)

Se vendent : à Pibrac; — à Toulouse, rue Vélane, 17;
et aux librairies : VIEUSSE, rue des Arts; — REGNAULT,
rue des Balances.

Toulouse. — Imp. L. Hébrail, Durand et Comp.

CANTIQUES

FRANÇAIS ET PATOIS

EN L'HONNEUR DE SAINTE GERMAINE

I. Cité des Saints.

Cité des Saints, Eglise notre Mère,
Pour qui ces fleurs, ce concours solennel?
Quel est le nom que redit la prière
Parmi les chants et les feux de l'autel?

Pauvre Bergère,
Germaine, en toi
La France espère;
Porte à Dieu notre Foi.

Un humble chaume abrita ta naissance;
Comme à Jésus, la paille est ton berceau.
Ton premier cri fut un cri de souffrance;
Ton premier pas heurta contre un tombeau.

Le Dieu très bon rappelle à lui ta mère;
Il t'isolait, et te voulait pour lui.
Chétive enfant, ta marâtre et ton père
Vont t'oublier; Dieu sera ton appui.

Oh! t'oublier? non, la haine et l'injure
T'accableront au foyer paternel.
Va, fuis aux champs, rebut de la nature!
Laisse à ses fils tout le cœur maternel.

Près d'un troupeau Germaine rejetée,
Passe avec lui ses jours; et puis, le soir,
Sous l'escalier comme lui rebutée,
N'a pour souper que du pain sec et noir.

Mais de ce pain sa tendre prévoyance,
Si peu qu'elle ait, sait réserver encor
La bonne part pour le pauvre en souffrance ;
Germaine n'a que ce pain pour trésor.

Que dis-je ? non, d'ineffables richesses
Parent ce cœur si modeste et si doux :
Vertus, objet des divines tendresses,
Trésors bénis par le céleste époux !

Quelle ferveur vers Dieu qui la contemple,
Porte l'élan de son amour pieux !
Parlez, vallons, Croix et pavé du temple !
Fut-il jamais cœur plus digne des cieux ?

Au saint Banquet quand la cloche l'appelle,
L'eau du torrent s'enfuit devant ses pas.
Sur ses brebis l'Ange veille pour elle ;
Le loup rugit, mais il n'approche pas.

C'était l'hiver ; un jour, compatissante,
Germaine allait portant son pain du soir.
Contre elle accourt la haine vigilante :
« Venez, venez, dit-elle ; venez voir !... »

On vient : Germaine à genoux et vermeille,
Baissant les yeux, ouvre son tablier.....
Qu'y trouve-t-on ? ravissante merveille,
Au lieu de pain, un bouquet printanier !

Pour les enfants sœur tendre et prévenante,
Tu les gagnais au bien par ta bonté ;
Auprès de Dieu, villageoise ignorante,
Tu trouvas tout, science et charité.

Quand, à l'entour, trop de cœurs de ton âge,
Bercés d'erreur, ne songeaient qu'au plaisir,

Germaine, en Dieu tu fixas ton partage :
Dieu seul devint l'objet de ton désir.

Aussi bientôt pour toi le temps s'achève,
Ton jour d'exil marche vite à sa fin.
Vois-tu ce Ciel ? Oh ! ce n'est plus un rêve ;
Viens, monte et règne aux splendeurs sans déclin.

Terre, chantez, chantez l'hymne de gloire !
L'humble Bergère a pris sa place aux Cieux.
Par nos vertus consacrons sa mémoire ;
C'est là le don le plus cher à ses yeux.

Près du Très-Haut sois notre protectrice ;
Tu sais nos maux ; prie, implore pour nous,
Germaine ; obtiens que Jésus nous bénisse ;
De tes deux mains désarme son courroux.

Donne le calme à nos jours de tempête :
Sur nos foyers ramène le bonheur.
Sillons, drapeaux, que tout sente ta fête :
Et que Jésus règne sur notre cœur.

II. Pés prats, pél bosc.

Cantique dialogué ; même air.

Pés prats, pél bosc atal t'én bas souléto,
Pétito Pastro, è sans cap de fraïou ?
— On n'és paï soul ammé soun angéléto ;
E qué créndrioï, quand Dious beïllo sur iou ?

O dibin Mestré,
Tant piètadous,
Qué fa boun estré.
Moun Jésus. prets dé bous !

Dél foc pairal uno mairastro injusto
T'a réjétado, èlas, pla duromén!
— Ma bouno Maïre, al Cel, la Bierjo ogusto
Gardo à sa fillo un bel apartomén.

E qué té dits toun cor, quand, al bilatché,
En t'insultan gaouzou té pérségui ?
— Moun Dious abio dé crachats al bisatché,
Lorsqu'à la crouts le ménabon mouri.

Lés bèlis jouns, cado aoutro és tant parado;
E tu, jamaï n'as qué ta paourétat !
— Lé qué m'atténd à sa Taoulo sacrado,
Talo qué soun, m'accordo sa bountat.

Jouts l'escaillié, la neit, agounisénto,
Morés sans souèn, Paouréto, è sans digus.
— Nou bésets pas la ma coumpatissénto
Qué mé sousten lé cap, coumo à Jésus?

Dounc, à ta mort, toun récoing misérablé
E tous chirmens récében pla d'aounous!
— Dious sé soubén dé soun brès dé l'establé;
Sé plaï sal paouré à bersa sas fabous.

Ta glorio aoueï resplandits sans pareillo;
La terro inboco è célèbro toun noun.
— Lé Toutpuissan aïmo aquélo merbeillo ;
E sul néan soun bras brillo toutchoun.

Germèno, escouto aquélis qué té prègon
E dount lé cor s'units ammé la bouts.
— Lés bénazits soun aquélis que siègon,
Umblés è purs, lour cami dé la Crouts.

(Extraits du *Manuel pieux de Pibrac*, de M. G.-C. VERT.)

(Propriété.)

Se vendent : à Pibrac; — à Toulouse, rue Vélane, 17;
et aux librairies : VIEUSSE, rue des Arts; — REGNAULT,
rue des Balances.

Toulouse. — Imp Hébrail, Durand et Cᵉ.

SUITE DES CANTIQUES

I. Pibrac.

CHANT DE LA CANONISATION.

Le long des bords du torrent solitaire,
Vers cette forêt sombre, aux flancs de ce coteau,
Vécut une indigente et pieuse Bergère,
Jusqu'à sa mort vouée au soin de son troupeau.
Coteau, forêt, tressaillez d'allégresse !
Ruisselle, autel sacré, de flammes et de fleurs !
Anges, unissez-vous à notre sainte ivresse ;
Et toi, Germaine, accueille et nos voix et nos cœurs.

La voyez-vous, percluse, délaissée,
Sans mère et sans appui dès ses plus jeunes ans ?
Ah ! plaignons l'orpheline, ici-bas exilée.
Mon Dieu, venez en aide à l'enfant sans parents.

Pauvre Germaine, ainsi donc ta famille
Te refuse une place autour du doux foyer !
Cette femme, jamais, ne te dira : ma fille ;
Elle te laissera mourir sous l'escalier !

Dieu n'est pas loin ; sa main pare de roses
Ta couche de sarments, l'aumône de ton pain.
Tu dus longtemps souffrir ! mais des fleurs sont écloses
Sur les rudes buissons qui jonchaient ton chemin.

Germaine, vois ; là-haut, sur la colline,
Du divin Tabernacle un regard te sourit.
Les flots grondent en vain ; Lui les calme ; il s'incline
Vers ce cœur éprouvé, qui l'aime et qu'il bénit.

Comme tu fus douce, active, modeste !
Ton âme des vertus était le pur miroir.
Dans ces humbles vertus, Germaine, tout proteste
Contre nos vanités, si lâches au devoir.

Tes sœurs du Ciel et leur reine Marie
Viennent baiser tes pleurs et soutenir tes pas ;
Et, quand dans l'abandon se termine ta vie,
Leur troupe avec amour t'emporte dans ses bras.

Elle est au Ciel !... Que ta couronne est belle,
Germaine ! Pour tel prix, qu'est-ce que la douleur ?
Que valent tous nos maux pour la gloire immortelle ?
Souffrir un jour, et puis, à jamais, le bonheur !

Vers cette tombe où la Toute-Puissance
Resplendit, venez tous, infirmes et savants ;
Savants, qui niez Dieu, venez voir sa présence ;
Ici le doigt divin brille en traits éclatants.

A l'Eglise, à la France, à Toulouse chérie
Obtiens de Dieu, Germaine, un regard de bonté,
Que Jésus règne enfin ; et qu'une paix bénie,
Nous rende heureux sur terre et dans l'éternité.

II. Le monde exalte sa richesse.

Le monde exalte sa richesse,
Vante l'attrait de ses plaisirs.
Qu'il y cherche son allégresse ;
Moi, je porte ailleurs mes désirs.
A la vertu tu fus fidèle,
Germaine, elle te vaut les Cieux.
Pour gagner la gloire immortelle,
Soyons tous humbles et pieux.

Heureux celui que ton service
Fixa dès ses plus jeunes ans,
Seigneur, et qui jamais du vice
Ne suivit les égarements !

Mon Dieu, que ton joug est aimable !
Qu'il est digne et plein de douceur !

T'obéir est plus honorable
Que régner où règne l'erreur.

Laissez-nous, amorce trompeuse,
Biens, qui n'enfantez que des maux ;
Avec vous l'âme est malheureuse,
Et ne peut trouver son repos.

Mon repos est dans-ta loi sainte,
Mon Père ; il est entre tes bras.
Des méchants j'abhorre l'enceinte ;
Est-on heureux où Dieu n'est pas ?

Beau Ciel, ravissante demeure,
Des élus fortuné séjour,
Quand la mort sonnera mon heure,
Que je t'obtienne sans retour.

III. Le Ciel.

Sur l'air : *Sainte Cité.*

Sous quel éclat d'ineffable lumière,
Loin des mortels, vous vous cachez, Seigneur !
Les chérubins abaissent leur paupière ;
Les Saints, ravis, tressaillent de bonheur.
    Cité des Anges,
    Cour du grand Roi,
    Dans tes phalanges
   Ciel un jour reçois-moi !

Ah ! que la terre est froide et nébuleuse !
Pauvre exilé, l'homme erre dans la nuit…
Mais quand paraît ta clarté radieuse,
Soleil divin, l'ombre à jamais s'enfuit.

Félicités qu'un Père nous prépare,
Du jour sans fin immortelles splendeurs !
Mon cœur gémit, lorsqu'à vous je compare
Notre soleil et ses pâles lueurs.

Heureux moment, pourquoi tarder encore ?
Chaînes, tombez ; puissé-je, libre enfin,
Laisser la terre, et saluer l'aurore
D'un avenir sans ombre et sans déclin !

Reine du Ciel, et vous aussi, Germaine,
Dans ma détresse à vous quand j'ai recours,
Que votre main me guide et me soutienne ;
Attirez-moi près de Dieu pour toujours.

IV. Marie et Germaine.

Germaine, Marie,
Sœur, Mère chérie !
Que tout chante et prie
Germaine, Marie !

Fatigue, indigence,
O maux précieux !
Heureuse souffrance
Que l'on paie aux cieux !

L'une, ménagère
D'un pauvre ouvrier ;
Et l'autre, bergère,
Sans place au foyer !

Humbles et fidèles,
Un jour puissions-nous
Déployer nos ailes
Vers Dieu comme vous !

Dans la vie obscure
Dieu vous contemplait.
Quand l'âme est bien pure,
Jésus s'y complaît.

Et qu'avec les Anges
Nos cœurs à jamais
Disent vos louanges
Et tous vos bienfaits !

V. L'Ave, Maria.

Je te salue, ô Marie,
Du très Haut fille chérie ;
La grâce abonde en ton cœur.
Dieu t'élit pour sanctuaire ;
Sois bénie, auguste Mère,
Avec ton fils, mon Sauveur.

De Jésus Mère clémente,
Entends la voix suppliante
Qu'un pécheur élève à toi ;
Et lorsque sur ma demeure
La mort sonnera mon heure,
Viens, Marie, et soutiens-moi.

(Extraits du *Manuel pieux de Pibrac*, de M. G.-C. Vert. T.

(Propriété.)

Se vendent : à Pibrac ; — à Toulouse, rue Vélane, 17 ;
et aux librairies : Vieusse rue des Arts ; — Regnault r.
rue des Balances.

Toulouse. — Impr. L. Hébrail, Durand et Comp.

[illegible]

[illegible]

Autres ouvrages de M. VEST.

I. Bibliographie d l'Institut de Recherches [illegible] :

1o Les Mondes par l'Imagination, ... 1 fr 50 c
2o La Divination, ... 1 fr 50 c
3o Les Réglementations humaines, ... 1 fr 50 c
5o L'Éducation Prénatale, ... 2 fr 50 c
[illegible]

II. La Divination, Lettres des Institutions [illegible]

[illegible]

Le Manuel pieux de Pibrac, de M. Vi[…]
avec tout ce qu'il embrasse : *Vie, Imitation[…]*
sainte Germaine, Neuvaine, Litanies, Canti[…]
Cité des saints et les autres, y compris les Cha[…]
et Neuvaine de Notre-Dame d'Alet et l'*Ange[…]*
foyer, franco, 1 fr. 25 c.; cent, 90 fr.

La *Vie* et l'*Imitation*, séparément, chacu[…]
franco, 40 c., la douzaine, 4 fr. 50 c., le c[…]
28 fr. — La *Neuvaine*, 20 c.; douze, 2 fr.: ce[…]
15 fr.

Le Cantique Cité des saints, avec le Can[…]
que patois, 5 c.: cent, 3 fr.; mille, 25 fr.

Le grand Cantique de la Canonisation, a[…]
quatre autres, *mêmes prix*.

La *Vie*, édition populaire, avec le Cantique C[…]
des saints et le Cantique patois, 15 c.; ce[…]
12 fr.

Les Litanies, réunies au *Souvenez-vous des[…]*
fligés, 5 c.; cent, 2 fr.

Complément : *L'Ange du foyer*, 30 ce[…]
douze, 3 fr.; cent, 20 fr.
Neuvaine et Chants du Pèlerinage d'Alet, 10 c.; cent,[…]

Autres ouvrages de M. VERT.

I. Bibliothèque de l'Imitation de Jésus-Ch[…]
renfermant :

1º Les *Etudes sur l'Imitation*,   1 fr. 50 c[…]
2º Le *Gersoniana*,   1 fr. 50 c[…]
3º Les *Répliques et Conclusion*,   1 fr. 50 c[…]
4º *L'Eternelle Consolation*,   2 fr. 50 c[…]
Nota. — Les 4 volumes, *franco*, 5 francs.

II. Le Dimanche, lectures des familles. 3[…]
in-8º, 9 francs.
Envoyer des timbres ou un bon de la poste.

Toulouse. — Imprimerie L. Hébrail ; Durand et C[…]

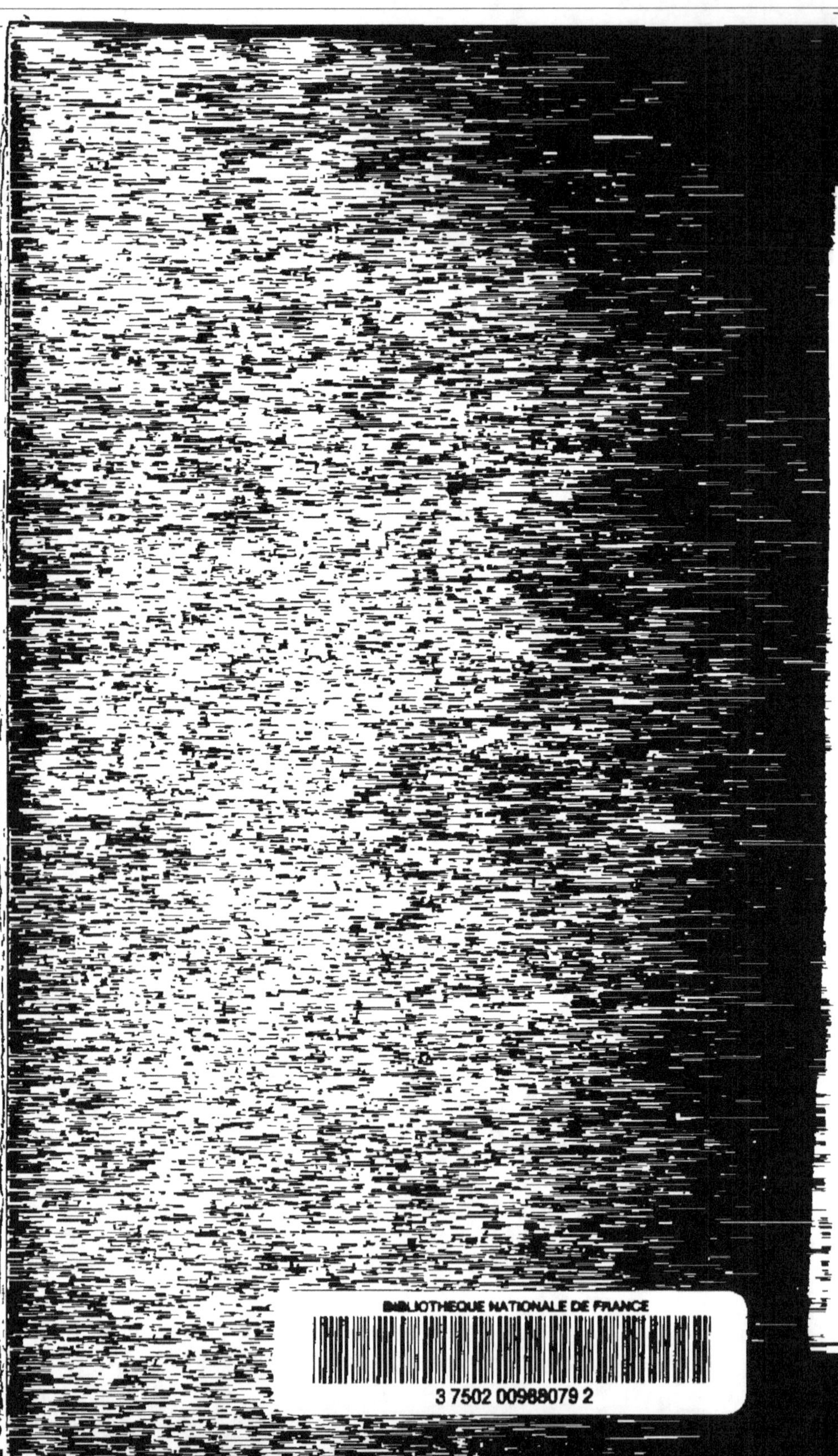
BIBLIOTHEQUE NATIONALE DE FRANCE

3 7502 00988079 2

www.ingramcontent.com/pod-product-compliance
Lightning Source LLC
Chambersburg PA
CBHW061254050726
47594CB00004B/1470